# Der Staatskonkurs.

Eine Anleitung für Rechtspraktikanten

von

**Theodor von der Pfordten,**
II. Staatsanwalt im Kgl. Staatsministerium der Justiz.

**2. verbesserte Auflage.**

München 1906.
J. Schweitzer Verlag (Arthur Sellier.)

# Inhaltsverzeichnis.



Gedruckt bei Dr. F. P. Datterer & Co., Freising.

## § 1. Einleitung.

Sofort nach dem Bestehen der 1. Prüfung tritt für den jungen Juristen der Staatskonkurs in den Vordergrund des Interesses und die Erwartung, mit der der zweiten, letzten und schwierigsten Prüfung entgegengesehen wird, steigt mit jedem Jahre der Praxis, bis schließlich an ihre Stelle ein Gefühl der Beunruhigung und Beängstigung tritt. Der Gedanke, sich der Entscheidung über eine Lebensfrage unterziehen zu müssen, bei der ein ungünstiges Ergebnis unter Umständen die ganze fernere Laufbahn beeinträchtigen kann, zum mindesten aber eine oft Jahre andauernde Verzögerung in der Erlangung der erwünschten Versorgung herbeiführt, hat an sich schon wenig Anheimelndes. Die jährlich bekannt werdenden Erfolge älterer Kollegen tragen zudem meistens nicht dazu bei, das Selbstvertrauen der Rechtspraktikanten zu stärken. Man macht die Wahrnehmung, daß in jedem Jahre zahlreiche junge Leute, die ihre Zeit auf der Universität und während des Vorbereitungsdienstes gewissenhaft ausgenützt, sich in der Praxis anstellig und gewandt, in wissenschaftlichen Arbeiten wohl unterrichtet erwiesen haben, im Staatskonkurse Noten davontragen, die den berechtigten Erwartungen nicht entsprechen. Mit großem Eifer betreibt die Mehrzahl der Prüflinge ihre Vorbereitung: die Zahl der privaten Kurse hat etwa seit einem Jahrzehnte gewaltig zugenommen, die Anschaffung geeigneter Bücher für das Studium und für den Gebrauch während der Prüfung nimmt einen immer größeren Umfang an — dennoch wird die Zahl derer nicht geringer, die zur eigenen Enttäuschung und zur Verwunderung ihres Bekanntenkreises einen sehr bescheidenen Platz in der Reihe der Prüflinge erringen und deren Erfolge dem Aufwand an Anstrengung, Zeit und Geldmitteln nicht entsprechen. Der Grund dieser Erscheinung kann nur darin gesucht werden, daß die Eigentümlichkeiten des Staatskonkurses und seiner Anforderungen nicht genügend beachtet werden und daß der Weg nicht richtig ist, der bei der Ausbildung eingeschlagen wird. Die erste Frage, die sich der in die Praxis übertretende Jurist vorlegen muß, wird daher zu lauten haben: Was wird in der zweiten Prüfung von mir verlangt und wie setze ich mich in den Stand, den Schwierigkeiten zu begegnen, die mir bevorstehen? Die richtige Stellung der zu lösenden Aufgabe verbürgt den Erfolg schon zur Hälfte, während die Wahl einer verkehrten oder unzureichenden Art der Vorbereitung auch durch den größten Fleiß nicht mehr gut gemacht werden kann.

## § 2. Die Anforderungen des Staatskonkurses.

Die erste Prüfung ist eine Prüfung des Wissens, die zweite eine Prüfung des Könnens, der Urteilskraft und der Schlagfertigkeit. Sie soll zeigen, ob der Geprüfte seiner ganzen Persönlichkeit nach den schweren Aufgaben des praktischen Lebens gewachsen ist. Das aufmerksame Durchlesen der Aufgaben eines einzigen Jahres kann genügen, um den Unterschied zwischen den beiden Prüfungen erkennen zu lassen. Ungeheuer ist der Rechtsstoff, aus dem die einzelnen Arbeiten gewählt sind, so groß, daß seine *theoretische* Beherrschung ein Ding der Unmöglichkeit genannt werden muß. Wer versuchen wollte, sich ein Wissen anzueignen, vermöge dessen er alle nur denkbaren Fragen aus diesem riesigen Gebiete sofort mit Sicherheit beantworten, alle die Einzelheiten beherrschen und ins Auge fassen könnte, die ihm möglicherweise vorgelegt werden, würde alsbald einsehen, daß er sich eine Aufgabe gestellt hat, deren Bewältigung die Kräfte eines Menschen weit übersteigt. Ist doch heutzutage jeder Zweig der Rechtswissenschaft so vertieft und nach allen Seiten hin ausgebildet, daß die Erwerbung einer genauen Fachkenntnis allein schon die Arbeit eines Lebensalters erfordert. Man denke z. B. nur an die verwickelten, in der eigenartigsten Weise ineinandergreifenden Bestimmungen des Krankenversicherungsrechts, in denen mühelos und sicher sich nur zurecht finden kann, wer sich jahrelang wissenschaftlich und praktisch mit diesem Fache beschäftigt hat. Oder wer könnte sich rühmen, das BGB. nach allen Richtungen hin zu beherrschen und zu verstehen? Nicht das also kann das Ziel der Vorbereitung sein, ein gleichmäßig gründliches Wissen auf allen Rechtsgebieten zu erwerben, sondern es muß die Fähigkeit erlangt werden, auch auf einem weniger bekannten, weniger geübten Gebiet in kürzester Frist Brauchbares leisten zu können.

Wie der praktische Jurist in seinem Berufe fast täglich vor Fragen gestellt wird, über die er sich bisher noch niemals Rechenschaft gegeben hat, die in ihrer Eigenart und Schwierigkeit das moderne Rechtsleben täglich neu hervorbringt und in denen er oft genug ohne weitere Vorbereitung sofort eine Entscheidung liefern muß, so bringt auch die zweite Prüfung in völlig richtiger Würdigung dessen, was dem Richter und Verwaltungsbeamten nottut, in jedem Jahre neue Aufgaben in immer wechselnder Anordnung, die binnen kürzester Frist, binnen weniger Stunden gelöst werden sollen. Die Erlangung eines gründlichen Wissens ist ein M i t t e l, um sich für diese Schwierigkeit zu wappnen, aber sie darf nicht der einzige Zweck und das Ziel der Vorbereitung werden. Die Schulung der Geisteskraft, die Erwerbung der Fähigkeit, auch das Unvorhergesehene rasch zu erfassen, ist wichtiger als die Kenntnis vieler einzelner Gesetze und Vorschriften. Der Überblick über die zu Gebote stehenden Hilfsmittel und die Kunst, sie richtig zu gebrauchen, wiegt schwerer als die

Belastung des Gedächtnisses mit zahlreichen Einzelheiten, die ebenso rasch vergessen werden, als sie gelernt wurden.

Häufig genug sind die Prüfungsaufgaben, die eine völlig befriedigende theoretische Lösung überhaupt nicht gestatten, bei deren eingehender Durcharbeitung auch der gewiegte Jurist der Fülle widerstreitender Meinungen und Entscheidungen ratlos und mutlos gegenübersteht. Man braucht nur einen Blick in die Kommentare zum BGB. und zu seinen Nebengesetzen zu werfen, um zu erkennen, daß nicht einmal Einigkeit über die einfachsten Grundfragen besteht und daß alle Sätze, die ein Autor mit guten Gründen vertritt, von einer Anzahl anderer mit ebenso guten Gründen verworfen und als gänzlich irrig abgelehnt werden. Aber wie der Richter sich der Notwendigkeit einer festen Entscheidung nicht entziehen kann, so verlangt auch die zweite Prüfung unter allen Umständen eine Lösung und Begründung. Mag sie nun richtig sein oder nicht, mag der Bearbeiter davon überzeugt sein, daß er anders nicht entscheiden könne, oder mag er sich sagen, daß er bei längerer Beschäftigung mit der ihm vorgelegten Frage sie vielleicht anders würde beantwortet haben — gleichviel, er muß seine Wahl treffen. Im § 122 der Ministerialbekanntmachung vom 6. Juli 1899 ist der Gedanke zum scharfen Ausdruck gelangt, daß es weniger darauf ankommt, die unbestreitbar richtige Lösung zu finden, als darauf, eine in sich einheitliche, in sich wohlbegründete Entscheidung zu liefern. Der Fehler, die Prüfungsaufgaben nach Art von Doktorarbeiten und Preisaufgaben zu behandeln, das Für und Wider sorgfältig zusammenzustellen und das eigene Urteil in den Hintergrund treten zu lassen, ist in vielen Fällen der Hauptgrund ungünstiger Ergebnisse.

So ist die zweite Prüfung auch eine Prüfung des sittlichen Mutes, der sich nicht scheut, der Möglichkeit anderer Anschauungen, anderer Beurteilungen ungeachtet, die eigene Meinung auf eigenen Gründen aufzubauen und zu vertreten.

Der Staat hat wenig Interesse daran, zu erfahren, ob der Bewerber die Anschauungen anderer kennt und anführen kann — er will wissen, inwieweit der Prüfling selbst zu einem Urteil über die ihm vorgelegten Fragen geeignet ist. Auch dies ist in § 122 der Ministerialbekanntmachung deutlich hervorgehoben.

Die höchste und schwierigste Anforderung des Staatskonkurses ist schließlich die rascher Entschließung und rascher Darstellung; er ist ein Prüfstein für die Fähigkeit größter Anspannung aller Geisteskräfte. Schon die Länge des Tatbestands einzelner Aufgaben, ihr Zerfallen in zwei oder drei Unteraufgaben läßt erkennen, daß ein gemächliches Arbeiten hier niemals zum Ziele führen kann, daß nur die Zusammenraffung aller Energie den Erfolg verbürgt. Die Gewöhnung an schnelles aber doch andauerndes und gründliches Arbeiten, die Abgewöhnung aller Saumsal und halben Tätigkeit sollte sich jeder Rechtspraktikant vom ersten Tage der Praxis an zum Ziele setzen und durch fortgesetzte eigene Überwachung durchführen. Es ist vielleicht nicht unangebracht, hier auf eine militärische Vorschrift zu verweisen. Sie findet sich in der Felddienst-Ordnung auf S. 18 und kann — wenn auch nur mit entsprechender Umdeutung — einen vortrefflichen Leitsatz für den Rechtspraktikanten abgeben. Sie lautet: „Ein jeder . . . . muß sich stets bewußt sein, daß Unterlassen und Versäumnis ihn schwerer belasten, als ein Fehlgreifen in der Wahl der Mittel."

Bei alledem darf freilich nicht übersehen werden, daß die Aneignung eines reichen Wissens nicht entbehrt werden kann, wenn sie auch keineswegs allein ausschlaggebend ist. Vor allem die Grundlagen der einzelnen Rechtszweige, die Vorschriften, deren Anwendung häufig wiederkehrt, müssen sicher im Gedächtnisse haften und so geläufig sein, daß ihr Gebrauch keine sonderlichen Schwierigkeiten macht.

## § 3. Die Ausnützung des Vorbereitungsdienstes.

Die Klagen, daß der Vorbereitungsdienst für den Konkurs nur wenig Wert besitze, sind althergebracht und häufig. Sehr begründet sind sie nicht. Der Rechtspraktikant darf nie vergessen, daß nur seine Arbeitsleistung die Gewähr genügender Ausbildung bietet, daß der ihn überwachende Beamte wohl anleiten, bessern und nachhelfen kann, daß aber sein Eingreifen den Lernenden niemals der eigenen Verantwortlichkeit und der Notwendigkeit überhebt, selbst den richtigen Weg zu finden. Freilich bietet die Praxis nicht immer Aufgaben der Art, wie sie für den Konkurs eigens ausgedacht und zusammengestellt werden. Formale Geschäfte überwiegen und die Zahl der interessanten Fälle ist nicht allzu groß. Dennoch darf der Nutzen nicht unterschätzt werden, der mittelbar aus einer fleißigen Tätigkeit im Dienste der Behörden gezogen werden kann.

Schon allein die Beschäftigung mit einfachen Arbeiten (z. B. Protokollieren, Anfertigung von Versäumnisurteilen, von Aktenauszügen und Vormerkungsbogen im Vormundschaftswesen), deren angeblich übermäßige Ausdehnung oft genug den Gegenstand von Beschwerden bildet, kann richtig angewendet einem wohlerwogenen erzieherischen Zwecke dienen. Sie lehrt die Genauigkeit und Pünktlichkeit im kleinen, vor allem aber die, wie oben ausgeführt, für den Erfolg in der Prüfung unerläßliche Fertigkeit rascher Bewältigung einer großen Arbeitsmenge. Wer sich freilich im formellen Dienste stets behaglich Zeit läßt und alle dem Bureau gewidmeten Stunden mit der Erledigung einer den Geist nur wenig in Anspruch nehmenden Aufgabe verstreichen läßt, wird kaum erheblichen Nutzen aus der aufgewendeten Mühe ziehen. Wer sich dagegen bemüht, alle einfachen Geschäfte, die ihm übertragen werden, in immer kürzerer Frist zu beenden und dadurch einen größeren Teil des Tages für andere Betätigung frei zu machen, wird in der Ausbildung seiner Gewandtheit, seiner Darstellungsgabe und seiner allgemeinen Leistungsfähigkeit bald die gewinnbringende Ausgestaltung seiner Praxis wohltätig empfinden. Die Aneignung einer gewissen praktischen Erfahrung im formellen Dienste ist ferner die Vorbedingung für das Fortschreiten zu schwierigeren Arbeiten. Die grenzenlose Ungeschicklichkeit, die zahlreiche Rechtspraktikanten in der Erledigung einfacher Geschäfte zeigen — eine Wirkung der vielfach allzu weltfremden und zu sehr rezeptiven Art der Ausbildung auf dem Gymnasium und der Universität — trägt hauptsächlich die Schuld daran, daß die Beamten sich scheuen, dem Anfänger auch größere Aufgaben zu übertragen.

Ein Gegengewicht gegen die sachliche Einseitigkeit der formellen Beschäftigung wird der Rechtspraktikant in der Anfertigung größerer Urteile, Beschlüsse, Berichte u. dgl. zu suchen haben. Betreffen diese auch nicht gerade Fragen von besonderem wissenschaftlichen Interesse, liegt der Schwerpunkt der Entscheidung oft auch mehr auf tatsächlichem als auf rechtlichem Gebiete, so geben sie doch eine Anleitung zu logischer Entwickelung der Gedanken, einheitlicher Durchführung einer bestimmten Auffassung und zu freierem Gebrauche des schriftlichen Ausdrucks. Anfängliche Unbekanntheit mit den einschlägigen Vorschriften und die daraus leicht entspringende Ängstlichkeit — Erscheinungen, die bei der großen Anzahl weit auseinanderliegender Dienstzweige, die in wenigen Jahren durchschritten werden sollen, nicht befremdlich sind — dürfen nicht zu einem Zurückschrecken vor solchen Übungen verleiten: Erweist sich das Gelieferte auch nicht als praktisch verwendbar, so hat der Arbeitende doch eine Stählung seiner Kräfte zu verzeichnen und wird an die nächste Aufgabe ähnlicher Art mit ungleich größerem Selbstvertrauen herantreten. Der Rechtspraktikant sollte daher die Gelegenheit zu größeren Arbeiten nicht etwa aus Mißtrauen gegen sein Können ablehnen oder ihr aus dem Wege gehen, sondern sie geflissentlich aufsuchen und niemals vergessen, daß es ihm auch im Konkurs nicht erspart bleiben wird, eine Beurteilung von Fällen zu liefern, für die er die Grundlagen erst durch raschen Gebrauch seiner Hilfsmittel beschaffen muß.

Wenn der Rechtspraktikant im Verlaufe seines Dienstes auf Unbekanntes oder Neues stößt, so ist es zu empfehlen, daß er die betreffenden Punkte sofort zum Gegenstande des Studiums macht, auch wenn dies nicht unmittelbar verlangt wird. Überhaupt wird er gut tun, seine wissenschaftliche Fortbildung mit dem Gange der Praxis, soweit möglich, gleichen Schritt halten zu lassen: dadurch wird einerseits die tägliche Bureauarbeit vertieft und es wird die Gefahr des Verfallens in angelernte Routine und in Schablonen-Arbeit hintangehalten,[1]) anderseits gewinnt der meist trockene und nüchterne Lernstoff an Anschaulichkeit und die Bedeutung der einzelnen Rechtssätze tritt oft in ein überraschend helles Licht.[2])

Nicht genug kann eingeschärft werden, daß der Rechtspraktikant sich befleißigen möge, bei jeder, auch der kleinsten

---

[1]) Hat der Anfänger die Technik des Dienstes erlernt, so tritt gewöhnlich ein Gefühl der Sicherheit und Befriedigung ein und die Beschäftigung mit einer etwas mechanischen Arbeit wird gegenüber der angestrengten Denktätigkeit des letzten Universitätsjahrs als Erholung empfunden. Damit entsteht dann die Gefahr — der auch der ausgelernte Praktiker leicht unterliegt — daß über der Form das Wesen der Sache vergessen wird, und daß man bei dem Bestreben, alle Geschäfte nach gewissen Mustern zu erledigen, die schwierigeren rechtlichen Fragen übersieht oder überspringt. Vor einem solchen Fehler bewahrt die rechtzeitige Rückkehr zur Theorie.

[2]) Besonders lehrreich kann das Durchlesen von Akten sein, wenn der Lesende dabei fortgesetzt Klarheit darüber zu gewinnen sucht, auf welchen Vorschriften die amtliche Tätigkeit beruht, die er in den Akten niedergelegt findet, und ob sie ihnen auch allenthalben entspricht. Auf diese Weise wird man sich namentlich in die Gebiete der freiwilligen Gerichtsbarkeit am leichtesten einarbeiten.

Arbeit, volle Aufmerksamkeit auf die Gewöhnung an einen guten Stil zu wenden, sich nicht nur eine scharfe und logische, sondern auch eine angenehm zu lesende Ausdrucksweise anzueignen und die leicht eintretende Durchsetzung seiner Schreibweise mit den schlampigen und unrichtigen Wendungen der leider so häufigen, aber darum nicht weniger unschönen „Amtssprache“ zu vermeiden. Der Stil, den er in den Akten findet, wird ihm in der Regel kein Vorbild abgeben können; vielmehr wird er ihn daraufhin zu prüfen haben, inwieweit er mit den Regeln einer guten Schriftsprache übereinstimmt. Wir werden hierauf noch zurückkommen.

## § 4. Gesetzesstudium.

Für die Universität mag die Systematik die beste Form des Lehrens und Lernens sein; der Rechtspraktikant muß sich daran gewöhnen, mit dem Gesetze selbst zu arbeiten, und neben dem Lehrbuche Kommentare und Textausgaben fleißig gebrauchen.[1]) Seit an die Stelle eines auf Gewohnheit und Übung beruhenden Zivilrechts dickleibige Gesetzbücher mit greifbaren, aber nicht immer ohne weiteres klaren Vorschriften getreten sind, die oft wie ein künstliches Räderwerk ineinandergreifen, muß an den praktischen Juristen noch energischer als bisher die Anforderung gestellt werden, daß er sich in den Gesetzen selbst zurecht finden kann. Sehr bald wird der Rechtspraktikant bemerken, wie erstaunlich geringe Kenntnisse er in dieser Beziehung von der Universität mitbringt, wie ihm nicht nur der Inhalt vieler Gesetze verborgen geblieben ist, sondern sogar das Dasein einer ganz beträchtlichen Zahl. Diese Lücke auszufüllen, muß sein erstes Bestreben sein, wenn er nicht Gefahr laufen will, an allen Ecken und Enden auf Mängel in den Grundlagen einer gedeihlichen praktischen Arbeit zu stoßen. Welcher junge Rechtspraktikant

[1]) Über systematisches Studium s. § 6.

würde z. B. nicht in Verlegenheit geraten, wenn ihm die Frage vorgelegt würde, durch welche gesetzliche Vorschrift in den Gebietsteilen Bayerns, in denen das Grundbuch noch nicht als angelegt gilt, die Eintragung einer Sicherungshypothek auf Grund eines Vollstreckungsbefehls verboten ist? Und doch kann er schon am ersten Tage seiner Praxis in die Lage kommen, hier Bescheid wissen zu müssen!

Gesetze mit sehr weittragenden und wichtigen Bestimmungen, die gleichwohl dem in die Praxis Übertretenden fast unbekannt sind, sind z. B. das Reichsgesetz über die freiwillige Gerichtsbarkeit, das Zwangsversteigerungsgesetz, die Grundbuchordnung, von den bayerischen Gesetzen das Gesetz Übergangsvorschriften zum Bürgerlichen Gesetzbuch betreffend, das Ausführungsgesetz zur Zivilprozeßordnung und Konkursordnung, die Ausführungsgesetze zum Gerichtsverfassungsgesetz und zur Strafprozeßordnung und ähnliche. Auf dem Gebiete der Verwaltung gehören vor allem die zahlreichen Gesetze über Kranken- und Unfallversicherung, die Bodenzinsgesetze, die Steuergesetze zu den Schmerzenskindern — von den kirchenrechtlichen Bestimmungen ganz zu schweigen.

Vom Gesetzesstudium schreckt oft den Fleißigsten der Umstand ab, daß es als unerhört langweilig und geisttötend verschrien ist und daß behauptet wird, es müsse bei der Unmöglichkeit, das Gelesene zu behalten, zumeist unfruchtbar bleiben. Wer sich freilich in ein einsames Zimmer setzt, eine Reihe von Gesetzen durchzulesen beginnt und versucht, einen Paragraphen nach dem anderen dem Gedächtnisse einzuprägen, unternimmt eine Sisyphusarbeit: hat er einmal drei Tage lang nach seiner Methode fortgefahren, so ist das am Anfang in das Gedächtnis aufgenommene wieder spurlos verschwunden. Hier kann jedoch Abhilfe geschaffen werden: sie ist in der Vereinigung mehrerer Kollegen aus dem gleichen Jahrgang oder auch aus verschiedenen Jahrgängen zu finden. Man kommt wöchentlich drei- oder viermal für zwei Stunden zusammen, nimmt mit Einhaltung eines gewissen Planes die weniger geläufigen Gesetze nacheinander vor, bespricht an der Hand des reinen Gesetzestextes oder einer kleineren Handausgabe einen Paragraphen nach dem anderen und erörtert alle Fragen, die im Laufe des Durchlesens auftreten, ohne sich in weitschweifige Streitgespräche zu verlieren. Gelangt man zu einer bestimmten Auffassung über einen zweifelhaften Punkt, so vermerkt man mit möglichster Kürze den gefundenen Gedanken in dem benützten Texte. Will man die gemeinsame Arbeit noch fruchtbringender gestalten, so bereitet man sich vor jeder Zusammenkunft so gründlich vor, daß man über jede Frage sofort Rede stehen und über den jeweils durchzunehmenden Stoff selbst frei sprechen kann. Man schlägt verwandte Vorschriften und wichtige Entscheidungen nach, unterrichtet sich aus der Literatur über besonders bestrittene Einzelheiten und versucht an der Hand des Gesetzestextes kleinere Beispiele zu lösen.

Eine genaue Kenntnis aller Gesetze, die für die Dauer bestehen bliebe, wird freilich auch auf diese Weise nicht zu erzielen sein, aber doch ein Überblick: man wird nicht mehr Gefahr laufen, gesetzliche Vorschriften einfach zu übersehen. Die mündliche Besprechung wird zur Schärfung der Auffassungsgabe und des logischen Denkens beitragen, der Austausch der Meinungen wird das Verrennen in Vorurteile und falsche Auffassungen verhüten und zur Erkenntnis zahlreicher Irrtümer führen.

## § 5. Studium von Entscheidungen.

Seitdem durch § 112 der Ministerialbekanntmachung vom 6. Juli 1899 die Benützung der Sammlungen von Entscheidungen für den 1. Teil des Konkurses (Justizfach) verboten wurde, ist die Bedeutung des Studiums der Entscheidungen höherer Gerichtshöfe erheblich gestiegen und seit dem Inkrafttreten des Bürgerlichen Gesetzbuches ist auch, wenigstens für das bürgerliche Recht, die Zahl der Sammlungen größer geworden. Mangel herrscht hier nicht, eher kann man über einen gewissen Überfluß klagen. Es ist nicht der Zweck dieser Schrift, auf einzelne Sammlungen aufmerksam zu machen. Vielmehr soll nur kurz erörtert werden, in welcher Weise der vorhandene Stoff nutzbar gemacht werden kann.

Da es natürlich unmöglich ist, alle Sammelwerke von der ersten bis zur letzten Seite durchzunehmen, so muß eine verständige Auswahl getroffen werden. Zunächst sind die Veröffentlichungen ins Auge zu fassen, die in den letzten Auflagen der Kommentare und Lehrbücher noch nicht verwertet sind. Es empfiehlt sich, deren Inhalt in Textausgaben oder größere Werke, die zum Studium und für den Gebrauch im Konkurse angeschafft werden, kurz zu vermerken oder sie zu handschriftlichen Sammlungen mit systematischer oder alphabetischer Anordnung zusammenzustellen. (Daß solche selbstgefertigte Sammlungen auch bei der Prüfung aus dem Justizfach gebraucht werden dürfen, darüber vergleiche die Prüfungsvorschriften für Juristen, München 1899, J. Schweitzer Verlag S. 81 Anm. 4.)

Bei der Abfassung solcher Auszüge begnüge man sich nicht damit, die in den Veröffentlichungen zumeist vorgedruckten Angaben über den wesentlichen Inhalt der Entscheidungen einfach abzuschreiben, bemühe sich vielmehr, den vom Gericht in der Begründung eingeschlagenen Gedankengang in möglichster Kürze und Schärfe mit eigenen Worten wiederzugeben. Auch der Tatbestand darf nicht unbeachtet bleiben, sondern ist, soweit zum Verständnis erforderlich, kurz anzuführen. Bei Unterlassung dieser Vorsichtsmaßregel läuft man Gefahr, Entscheidungen in der Prüfung falsch zu verwerten: Es ist keineswegs selten, daß einzelne Prüfungsaufgaben aus neueren Urteilen entnommen sind, jedoch mit einer Änderung des Sachverhalts, die, obwohl harmlos aussehend, dennoch gerade die entgegengesetzte Stellungnahme notwendig macht. Man hüte sich daher auch, Entscheidungen, deren Gründe man selbst nicht gelesen hat und die in Kommentaren oder Textausgaben nur mit wenigen Worten wiedergegeben sind, im Konkurs ohne weiteres zu benützen, sofern nicht ihr Inhalt völlig unzweideutig und klar ist.[1][2]

Es versteht sich von selbst, daß die Rechtsprechung über Fragen, in denen die obersten Gerichtshöfe zu einer festen ständigen Praxis gelangt sind (wie z. B. der Verwaltungsgerichtshof auf dem Gebiete der religiösen Kindererziehung), so bekannt sein muß, daß ein Nachschlagen im einzelnen Falle nicht mehr notwendig ist. Hier muß wohl oder übel auch das Gedächtnis zu Hilfe genommen werden. Man vermeide auch die namentlich bei sehr gelehrten Leuten oft anzutreffende Gepflogenheit, gegen Entscheidungen, in denen die Praxis jahre- und jahrzehntelang immer den gleichen Standpunkt vertreten hat, in Kursaufgaben und ähnlichen Übungen mit ungeheuerem Aufwand von Worten und Papier anzukämpfen. Sonst gewöhnt man sich an eine gewisse unbescheidene Recht-

[1]) Man wird daher auch schon während der Praxis (bei der Abfassung von Urteilen, der Bearbeitung von Kursaufgaben usw.) Vorsicht im Gebrauche der beliebten, an sich vortrefflichen Übersichten walten lassen müssen, die in den letzten Jahren von Warneyer, Sörgel und anderen herausgegeben worden sind. Man darf solche Bücher nur als Nachschlagewerke benützen. So sorgfältig die aus den Entscheidungen gezogenen Leitsätze auch gefaßt sind, so sind doch Ungenauigkeiten oder irreführende Verallgemeinerungen bei der außerordentlichen Menge des Stoffes nicht zu vermeiden gewesen. Es sollte daher das Aufsuchen des Textes an Ort und Stelle niemals unterlassen werden.

[2]) Der Anfänger sei an dieser Stelle überhaupt vor dem Fehler gewarnt, Zitate unbesehen hinzunehmen, die er in Lehrbüchern, Kommentaren, Aufsätzen usw. zur Unterstützung der Ansicht des Verfassers angeführt findet. Prüft man sie genauer nach, so gelangt man häufig zu dem überraschenden Ergebnisse, daß sie keineswegs den Satz beweisen, dessen Richtigkeit mit ihnen belegt werden sollte.

haberei und wird geneigt, im Konkurse langatmige Ausführungen über nebensächliche Punkte zu verfassen, obwohl deren Hereinziehung nur den Zweck hatte, festzustellen, ob der Prüfling die bestehende Gerichtspraxis kennt, so daß sie mit einem kurzen Hinweis auf diese hätten erledigt werden können. Der Staat will praktische Arbeiter, nicht eigensinnige Gelehrte.

Einer urteilslosen Anbetung der Rechtsprechung soll damit nicht das Wort geredet werden. Da, wo sich aus dem Streite der Meinungen noch keine *feste* Praxis entwickelt hat, sondern nur *vereinzelte* Erkenntnisse Stellung genommen haben, ist man zur Kritik wohl berechtigt, selbst gegenüber den höchsten Gerichtshöfen, die auch nicht immer unfehlbar sind. Wir machen jetzt — für das bürgerliche Recht wenigstens — eine Übergangszeit durch. Noch ist alles im Fluß und es sind auch beim Reichsgerichte schon Schwankungen in der Rechtsprechung vorgekommen. Man halte sich also nicht ohne weiteres für gedeckt, wenn man seine Meinung mit einem schönen Zitate aus der Praxis dieses oder jenes Gerichtshofes belegen kann.[1])

## § 6. Studium der Literatur.

In den letzten Jahrzehnten ist es üblich geworden, sich für den Staatskonkurs mit einer gewaltigen Anzahl von Büchern — systematischen Werken, Kommentaren, Abhandlungen usw. — zu versehen. Diese Gepflogenheit wird durch die steigende Schwierigkeit der Aufgaben und durch die häufige Heranziehung entlegener Gebiete erklärlich. Allein schon die einfache Überlegung könnte auf den leider so oft mißachteten

[1]) Vor allem ist bei der Verwertung der Erkenntnisse von Oberlandesgerichten große Vorsicht geboten. Immerhin sind diese vielfach von Belang, besonders wenn sie Gebiete betreffen, die in den reichsgerichtlichen Erkenntnissen nur ausnahmsweise berührt werden (freiwillige Gerichtsbarkeit, Zwangsversteigerung).

Satz führen, daß der Besitz der besten Werke wertlos ist, wenn deren Kenntnis und die Fähigkeit mangeln, sie richtig zu gebrauchen. Wer mehrere Jahre lang kaum einen Blick in die Literatur geworfen hat, um dann in den letzten Monaten vor der Prüfung eine Menge Bücher anzukaufen oder zur Leihe zu nehmen, darf sich nicht wundern, wenn er im Augenblicke der Entscheidung vor seinen teuer erworbenen Schätzen ratlos und mutlos dasteht. Anderseits darf natürlich nicht die Anforderung gestellt werden, daß man alle im Konkurse zu benützenden Bücher vorher vollständig durchgelesen haben müßte: Die Unmöglichkeit eines solchen Beginnens leuchtet ohne weiteres ein. Auch hier muß also eine wohlerwogene Auswahl stattfinden, um so mehr als unsere Literatur allmählich einen Umfang angenommen hat, der einen Überblick kaum mehr gestattet, und als neben vielen guten Schriften auch mancherlei wertloses Zeug in den Verkehr kommt.

Systematische Werke, vor allem also Lehrbücher, sind nicht nur vorteilhaft, sondern geradezu unentbehrlich, wenn es sich um das Einarbeiten in einen Stoff handelt, der von der Universität her nicht oder nur mangelhaft bekannt ist. Wer sich z. B. in der Lehre von der Zwangsvollstreckung wenig bewandert fühlt, oder mit dem Immobiliarsachenrechte des Bürgerlichen Gesetzbuchs und der Grundbuchordnung nicht genügend vertraut ist, wird diese Lücken nicht ausfüllen können, ohne ein Lehrbuch zu Rate zu ziehen. Denn bei wissenschaftlich so fein durchgebildeten Materien kann die Kenntnis einzelner Vorschriften nicht genügen. Es ist notwendig, den inneren Zusammenhang und die leitenden Gedanken des Gesetzes kennen zu lernen. Auch das bayerische Kirchenrecht — von dem der Student zumeist nur eine abgeblaßte Vorstellung erhält, weil sich die Vorlesungen vielfach mehr mit historisch-philologischer Weisheit als mit dem geltenden Rechte befassen — muß von Grund aus studiert werden, was ohne Zuhilfenahme eines systematischen Werkes kaum geschehen kann.

Auch einzelne Teile der großen staatsrechtlichen Lehrbücher (Seydel, Laband) wird man sich genau ansehen müssen, so z. B. die Darstellungen des Budgetrechts, des Verwaltungsrechtsverfahrens u. s. w.

Kommentare sind für das Studium nur in beschränktem Maße verwendbar, immerhin aber ein geeignetes Mittel, um sich eine genaue Kenntnis einzelner schwieriger oder besonders wichtiger Bestimmungen zu verschaffen. Wenn es auch widerraten werden muß, Kommentare einfach durchzulesen, weil nur weniges im Kopfe haften und die Fülle der Einzelheiten verwirrend wirken würde, so kann es doch nützlich sein, gewisse Abschnitte herauszugreifen und sich die bemerkenswertesten Streitfragen und ihre Beurteilung einzuprägen. So können z. B. Teile der Zivilprozeßordnung (Urkundenprozeß, Forderungspfändung usw.), der Grundbuchordnung, des Zwangsversteigerungsgesetzes (geringstes Gebot, Rangordnung, Lehre vom Zuschlag), des Gesetzes über die freiwillige Gerichtsbarkeit (Nachlaßauseinandersetzung), der Gewerbeordnung (konzessionspflichtige Gewerbe), der Gemeindeordnung (Gemeinde- und Ortschaftsvermögen, Umlagenpflicht), des Heimatgesetzes (Heimatverleihung, Verehelichungswesen) nach Kommentaren durchgenommen werden, wobei es sich empfehlen wird, eine besonders gute und ausführliche Darstellung zugrunde zu legen, andere aber zum Vergleiche heranzuziehen. Der Hauptwert des Kommentars liegt allerdings in seiner Benützbarkeit als Nachschlagebuch: auch das Nachschlagen muß jedoch fleißig geübt werden, damit man sich im Konkurs rasch zurecht finden kann und die Eigentümlichkeiten der einzelnen Werke und ihrer stofflichen Anordnung kennt. Man muß ferner die einzelnen Kommentare hinsichtlich ihrer Brauchbarkeit und Zuverlässigkeit beurteilen lernen.

Zeitschriften wird der Rechtspraktikant nur dann mit Erfolg benützen können, wenn er sich nicht damit begnügt, die Artikel zu überfliegen, sondern auch den wesentlichen

Inhalt der Aufsätze in seine Bücher notiert oder in besondere Hefte zusammenstellt. Dadurch wird ein schnelles Auffinden bei der Prüfung ermöglicht. Und die Gewöhnung an die Fähigkeit, längere Ausführungen in wenige ganz kurze und klare Sätze zusammenzudrängen, ist auch eine sehr ersprießliche Übung der geistigen Tätigkeit.

Die fleißige Lektüre der Tageszeitungen wird vor allem für die Prüfung aus der Volkswirtschaft und aus dem Finanzwesen von Wert sein.[1]) Weniger empfehlenswert ist dagegen die Benützung der in ihnen veröffentlichten Entscheidungen: diese sind nicht immer mit aller Sorgfalt und Genauigkeit wiedergegeben, können daher leicht zu erheblichen Irrtümern verleiten.

Mit der Anschaffung von Büchern warte man nicht allzulange; ein Buch, mit dem man nicht vertraut ist, hat im Konkurse nur halben Wert. Es ist ein verkehrtes Verfahren, wenn man, durch falsche Sparsamkeit verleitet, in den ersten Jahren der Praxis ohne literarische Hilfsmittel durchzukommen sucht. Es ist heutzutage nicht mehr möglich, bei der Vorbereitung (vor allem bei der Teilnahme an praktischen Übungen) Ersprießliches zu leisten, wenn man nicht wenigstens einen der großen, allgemein bekannten Kommentare zum BGB., zur ZPO. usw. zur Hand hat.[2])

---

[1]) Freilich ist hier scharfe Prüfung geboten, damit die Spreu vom Weizen gesondert wird. Das Zusammentragen unzähliger Zeitungsausschnitte und ihr Ordnen in gewisse Rubriken ist für sich allein wertlos.

[2]) Der Verfasser hat bei der Abhaltung von Kursen mitunter wahrgenommen, daß einzelne Rechtspraktikanten, die mit Hilfsmitteln ungenügend ausgestattet waren, es versuchten, Lösungen nicht ganz einfacher Fragen sozusagen aus den Fingern zu saugen, und aufs Geratewohl sehr entschiedene Behauptungen aufstellten. Dabei kamen dann oft merkwürdige Irrtümer zum Vorschein, die bei einem Blick in einen Kommentar vermieden worden wären.

## § 7. Kurse. Bearbeitung von Aufgaben.

Obwohl die maßgebenden Stellen durch die Einführung obligatorischer Kurse bei den Behörden reichlich das ihrige getan haben, um die Ausbildung der Rechtspraktikanten zu verbessern und obwohl die Zahl der privaten Übungen in den letzten Jahrzehnten beträchtlich in die Höhe gegangen ist, wird man doch schwerlich behaupten können, daß die Prüfungsergebnisse wesentlich günstiger geworden wären. Diese Erscheinung läßt sich nur dadurch erklären, daß von den Kursen nicht der richtige Gebrauch gemacht wird und die Mehrzahl der jungen Juristen mehr Wert auf die Zahl der Übungen als auf ihre zweckmäßige Ausnützung legt. Auch hier muß ebenso wie beim praktischen Dienste beachtet werden, daß der Kursleiter wohl die Richtpunkte angeben, niemals aber durch sein Eingreifen die eigene Verantwortlichkeit des Einzelnen aufheben und die Selbsttätigkeit ersetzen kann. Wer die Pflichtkurse des Vorbereitungsdienstes als Unannehmlichkeit, nicht als Wohltat betrachtet, in den vorgeschriebenen Übungen nur einen Zwang sieht und sie mit Mißstimmung oder mit Oberflächlichkeit abmacht, um einer lästigen Sache möglichst bald ledig zu werden, verrät eine schülerhafte Auffassung, die sich notwendig rächen muß. Ebenso verkehrt ist es, zu glauben, man habe mit der Belegung und dem Besuche mehrerer Privatkurse schon das seinige getan und könne beruhigt der Prüfung entgegensehen, weil man in jeder Woche vier bis sechs Stunden abgesessen, dem Vortrage aufmerksam zugehört und alles Wichtige aufgeschrieben hat.

Es soll nicht verkannt werden, daß schon allein die Besprechung von Aufgaben durch einen verständigen wissensreichen Praktiker geistige Anregung in Fülle bringen, zur Aufhellung dunkler Gebiete und zur Beseitigung von Irrtümern dienen kann: aber das bloße Aufnehmen eines nicht verarbeiteten Stoffes hat für eine praktische Prüfung natürlich niemals den gleichen Wert, wie das eigene Schaffen und das selbständige Ringen nach Klarheit. Darum ist die Bearbeitung von Aufgaben durch den Lernenden selbst das eigentlich Wesentliche an den obligatorischen wie an den privaten Kursen. Macht man es sich dementsprechend zum Grundsatz, alle Aufgaben gründlich zu bearbeiten, so wird man bald einsehen, daß man mit wenigen Kursen ganz gut auskommen kann; ein Übermaß in der Zahl der Kurse hat leicht die Folge, daß wegen des Mangels ausreichender Zeit nur mehr wenige Aufgaben wirklich gründlich bearbeitet werden, die große Menge dagegen beiseite gelassen oder nur schlampig und halb durchgenommen wird.

Die im Buchhandel erschienenen Aufgaben früherer Prüfungsjahre verdienen stets die meiste Beachtung und sind — wenigstens für die späteren Jahre — anderen Sammlungen oder eigens konstruierten Fällen vorzuziehen, weil sie die Anforderungen des Konkurses und Form und Ausdehnung der einzelnen Fälle am besten ersehen lassen. Man wähle für die eigene Bearbeitung (neben den in Kursen besprochenen Aufgaben), solche aus verschiedenen Prüfungsjahren und beschränke sich nicht auf die letzten Jahrgänge. Die Lösung der sogenannten „praktischen Fälle" nimmt zwar viel Zeit in Anspruch, wird aber nicht zu unterlassen sein, will man nicht in der Prüfung selbst angesichts ihrer Länge und Schwierigkeit den Mut und die ruhige Überlegung verlieren. Mindestens zwei praktische Fälle sowohl aus dem Gebiete der Justiz, als aus dem der inneren Verwaltung sollte jeder Rechtspraktikant durchgearbeitet haben.

Für den Anfang ist es nicht rätlich, den Aufgaben nur die Zeit zu widmen, die im Konkurse zur Verfügung steht; schon der Umstand, daß die Literatur und die sonstigen Hilfsmittel nicht immer sogleich zur Hand sind, macht einen größeren Aufwand an Zeit nötig; auch mangelt zunächst die Übung, und es könnte das Streben nach rascher Beendigung daher leicht zur Ungenauigkeit verführen oder grobe Irrtümer im Gefolge haben. Anfangs suche man möglichst wohl überlegte sachliche Entscheidung, ausführliche und scharfsinnige Begründung, sorgfältigen Aufbau und lesbare Darstellung zu erzielen, auch wenn dabei viele Stunden geopfert werden müssen. Hat man einmal größere Gewandtheit erlangt und sich an die Art der Fragestellung und die formelle Eigenart der Konkursaufgaben gewöhnt, so kann und muß man versuchen, die Dauer der Arbeit immer mehr zu beschränken und schließlich die Lösung aus dem Stegreife niederzuschreiben. Hat man im letzten Jahre vor der Prüfung einmal alle erforderlichen Hilfsmittel gesammelt, so setze man mehrere Wochen hindurch jeweils einen oder zwei Tage an, an denen man Konkursaufgaben genau in der vorgeschriebenen Zeit zu lösen versucht. Nur geringen Wert hat das Studium der Bearbeitungen von Konkursaufgaben, wie sie hier und da veröffentlicht werden. Es ist eher zu widerraten, weil es zur Unselbständigkeit erzieht. Wer das Schwimmen lernen will, muß selbst frisch ins Wasser gehen und darf sich nicht darauf beschränken, anderen beim Schwimmen zuzusehen.

Die — namentlich im ersten Jahre der Praxis — nicht seltene Gepflogenheit, Aufgaben, die für die vorgeschriebenen Kurse zu bewältigen sind, lang und breit mit Kollegen oder gar mit älteren Juristen zu besprechen, die Literatur von anderen nachweisen zu lassen und fremde Meinungen über schwierige Fragen einzuholen, muß mißbilligt werden. Sie untergräbt allzuleicht die Selbständigkeit des Arbeitens und das Gefühl der Selbstverantwortlichkeit; sie schwächt den Mut zur Entscheidung und führt zu einer Täuschung über das eigene Können und Wissen. Man mache sich nichts daraus, wenn die ersten Arbeiten mißglücken: sie sollen ja zur Übung, nicht zur Klarlegung der Fähigkeiten dienen. Damit soll natürlich nicht jedes Zusammenarbeiten verpönt werden. Hat man einmal eine eigene Meinung gefaßt, so kann es ersprießlich sein, sie im Streite zu verfechten. Dadurch wird die gewonnene Erkenntnis vertieft.

## § 8. Ausbildung des Stils und der Darstellungsgabe.

Einer der größten Mängel der Ausbildung, die der junge Jurist von der Universität mitbringt, ist die geringe Gewandtheit im schriftlichen Ausdruck. Freilich ist dieser Mangel leicht zu erklären und der einzelne kann für ihn wohl kaum zur Verantwortung gezogen werden. Das Gymnasium lehrt in bezug auf gewandten Gebrauch der Sprache nur das Notdürftigste und während der Universitätszeit geht die Übung fast ganz wieder verloren, weil (von den wenigen praktischen Aufgaben und Seminararbeiten abgesehen) schriftliche Aufsätze nicht gefordert werden und das Aufnehmen der Vorträge und das Durchlesen von Büchern alle anderen Arten der wissenschaftlichen Betätigung überwiegt. Während des Vorbereitungsdienstes bieten die größeren praktischen Arbeiten und die Kurse die beste Gelegenheit zu Stilübungen. Man unterschätze deren Wert keinesfalls; mag auch auf die Stilnote selbst im Konkurse nur wenig ankommen, so darf doch nicht vergessen werden, daß die Art der Darstellung und der Entwickelung der Gedanken den Eindruck des Zensors mitbestimmt und daher auch für den Ausfall der Hauptnote von Bedeutung ist.

Man hüte sich, während des Dienstes bei den Gerichten und Verwaltungsstellen, vor allem aber auch während der Beschäftigung beim Anwalt, in die herkömmlichen und geläufigen Unarten des sogenannten Amtsstiles zu verfallen, der sich im Grunde genommen längst überlebt hat und bei manchen höheren Behörden vermieden und mißbilligt wird. Bei den unteren Stellen genießt er wegen seiner angeblichen Kürze und Bequemlichkeit leider noch immer große Beliebtheit, obwohl er die an ihm gerühmten Vorzüge nicht besitzt. Es kann nicht unsere Aufgabe sein, seine Verfehlungen gegen

Logik und guten Geschmack im einzelnen aufzuzählen, nur einige Verkehrtheiten sollen angeführt werden, die unsere Sprache schon so durchsetzt haben, daß sie kaum mehr als unrichtig empfunden werden. Hierher gehört vor allem die Zerreißung einfacher Zeitwörter in ein Hauptwort, das zumeist nichtssagend ist, und in ein ebenso farb- und inhaltsloses Verbum. (Z. B. „in Vorlage bringen", statt „vorlegen", „in Rechnung stellen" statt „anrechnen", „zum Vortrag bringen" statt „vortragen", „in Wegfall kommen„ statt „wegfallen".) Ebenso häßlich ist die Unart, kein Eigenschaftswort mehr für sich allein als Prädikat zu gebrauchen, sondern es mit „ein" zu verbinden, wobei ein unterdrücktes Hauptwort hinzugedacht werden muß. (Z. B. „sein Verhalten war ein durchaus angemessenes" statt „sein Verhalten war durchaus angemessen" oder „diese Einwendung ist eine unbegründete" statt „diese Einwendung ist unbegründet".) Solche Ausdrucksweisen vernichten die Kraft und Klarheit der Sprache, machen sie schwerfällig und führen zu schwülstiger Verbreiterung und zur Verwässerung des Stils.

Nicht weniger verwerflich sind Neubildungen von so hervorragender Scheußlichkeit wie „übig", „nebig", (z. B. „nebigen Betreffs"). das „Eingelenke" (statt die „Einwendung"), „diesamtlich", „wohldortig", „beklagtisch", „baldgefällig", „obsieglich" (z. B. „der Kläger erlangte in diesem Rechtsstreit ein obsiegliches Urteil", statt „der Kläger siegte in diesem Rechtsstreit.")

Sehr zu beklagen ist es auch, daß die sogenannte „Erwägungsform" immer noch bei den Gerichten angewendet wird. Man kann sich wohl kaum eine unklarere und unübersichtlichere Darstellung denken, als wenn 15—20 mit „daß" beginnende Nebensätze wie die Glieder eines Bandwurms aneinandergehängt werden.[1]) Obwohl die neuesten Vorschriften über

[1]) Der Verfasser erinnert sich, daß während seines Vorbereitungsdienstes einmal in einer etwas verwickelten Sache ein Beschluß ver-

den schriftlichen Verkehr ausdrücklich darauf hinweisen, daß die Amtssprache sich dem Sprachgebrauche des täglichen Lebens anschließen solle, liest man immer noch Entscheidungen wie die folgende:

Das K. Landgericht M . . . beschließt

in der Erwägung, daß das Amtsgericht A am 1. September 1902 folgenden Beschluß gefaßt hat, . . . . .

daß dieser Beschluß dem N. N. am 10. September 1902 zugestellt wurde, . . . . . . . . .

daß hiergegen N. N. am 14. September 1902 die sofortige Beschwerde eingelegt hat mit der Begründung, . .

daß diese Beschwerde formell nicht zu beanstanden ist, weil . . . . . . . . . . . . . . . . . . .

daß sie aber sachlich unbegründet ist, weil . . . .

„die Beschwerde des N. N. wird verworfen".

Wie einfach könnten solche Beschlüsse gefaßt werden, wenn sie lauten würden:

Das K. Landgericht M . . . beschließt:

„Die Beschwerde des N. N. usw. wird verworfen".

Sachverhalt und Gründe.

Das Amtsgericht A hat am 1. September 1902 folgenden Beschluß gefaßt . . . Dieser Beschluß wurde dem N. N. am 10. September 1902 zugestellt. Er hat frist- und formgerecht Beschwerde eingelegt, mit der Begründung . . Die Beschwerde ist sachlich unbegründet, weil . . . . .

Der Rechtspraktikant vermeide also die Erwägungsform sorgfältig, vor allem auch bei der Bearbeitung von Übungsaufgaben und im Konkurse selbst. Man lasse sich dadurch nicht irreführen, daß allerdings eine gewisse Kunst dazu gehört, solche Satzungeheuer, wie sie eben geschildert wurden, herzu-

---

lesen wurde, der 71 eng beschriebene Seiten umfaßte und aus einem einzigen, in der Erwägungsform gehaltenen Satze bestand. Die Verlesung dieses „Satzes" dauerte 2 Stunden.

stellen. Es ist eine viel größere Kunst, einen verwickelten Sachverhalt in eine recht klare Form zu bringen, als eine an sich höchst einfache Entscheidung künstlich zu verwirren.

Mit der Vermeidung der Sprachverschlechterung muß die Gewöhnung an eine lebhafte, frische und klare Schreibweise Hand in Hand gehen. Das beste Mittel hierzu bildet die Lektüre guter Schriftsteller: wer jahrelang seine geistige Nahrung nur aus juristischen Büchern, aus Fach-Zeitschriften und Tagesblättern entnimmt und seine Fortbildung auf anderen Gebieten unterläßt, wird die üblen Folgen seiner Einseitigkeit deutlich an dem Einschrumpfen seines Formensinns und an der zunehmenden Unfähigkeit zu lesbaren Darstellungen empfinden. Der an sich schon etwas trockene und nüchterne juristische Stoff nimmt sich in einer langweiligen Form ganz besonders schlecht aus: man gewöhne sich also daran, jede umfassendere Arbeit (Urteile, Beschlüsse, Gutachten) nicht nur in klarem Aufbau herzustellen, sondern auch in der Wahl der Redewendungen und in der Abfassung der Sätze Abwechslung und Anschaulichkeit zu bieten. Man kann an Dernburgs Pandekten und an Seydels lebendig geschriebenen Werken, wohl auch an Liszts Strafrechtslehrbuch Vorbilder dafür nehmen, zu welcher Schönheit auch die juristische Schreibweise emporgehoben werden kann. Läßt sich im einzelnen Falle aus einem besonders farblosen Stoffe auch beim besten Willen nichts Erfreuliches machen, so kann doch durch gedrängte und kurze Sprache und durch möglichste Einfachheit der Anordnung eine wuchtige Beweisführung und eine Schärfe des Gedankengangs erzielt werden, die eben wegen ihrer Schlichtheit stets Eindruck machen wird.

Auf eine gewählte und sorgfältige Sprechweise im täglichen Verkehr und auf die Übung im freien Vortrag ist besonderes Gewicht zu legen.

Man fürchte schließlich nicht, durch die Ausbildung des Stiles, insbesondere durch die Pflege guter belletristischer oder philosophischer Lektüre,[1]) dem Studium zu viel Zeit zu entziehen. Wenn eine Beschäftigung die Beweglichkeit des Geistes und die Freiheit des Denkens fördert, so ist die auf sie verwendete Zeit niemals vergeudet. Es ist ein Zeichen von kleinlicher Lebensauffassung, wenn der Gedanke an eine bevorstehende Prüfung alle Betätigung des menschlichen Lebens auf den nicht zum Fache gehörenden Gebieten unterbindet, und die Anhänger einer solchen Auffassung werden vielleicht Gutes, nie aber Hervorragendes erreichen, jedenfalls aber im späteren Leben ihre Engherzigkeit zu büßen haben.

## § 9. Einteilung des Bildungsgangs.

Die Einteilung des Vorbereitungsdienstes ist im allgemeinen schon durch die Ministerial-Bekanntmachung vom 6. Juli 1899 vorgezeichnet, es wird jedoch nicht überflüssig sein, auf einige Einzelheiten hinzuweisen und anzudeuten, in welcher Weise die schon früher als zweckmäßig bezeichnete Verbindung des Studiums mit der Praxis durchzuführen ist.

Es ist nicht förderlich, die Verwaltungspraxis vor die gerichtliche Praxis zu verlegen, was ja an sich zulässig ist (vergleiche die Prüfungsvorschriften für Juristen, Schweitzer Verlag 1899, S. 12 Anm. 2 zu § 28). Der Zeitraum zwischen der Beendigung des Verwaltungsdienstes — für den die Universität bekanntlich nur eine unzulängliche Vorbereitung bietet — und dem Konkurse wird sonst zu groß und es besteht die Gefahr, daß sich das Gelernte wieder verflüchtigt.

Entschieden muß widerraten werden, während des Vorbereitungsdienstes bezahlte Stellen anzunehmen (als Amts-

[1]) Es sei vor allem auf die prosaischen Schriften von Lessing und Schiller verwiesen, die für den Juristen auch deswegen besonders lehrreich sind, weil sie in der Schärfe der Beweisführungen und in der Klarheit des Aufbaues unerreicht dastehen

anwalt bei Stadtmagistraten, als Konzipient bei Rechtsanwälten). Die Bewältigung solcher Geschäftsaufgaben, bei denen in der Regel die rein formelle Tätigkeit überwiegt — beim Dienst als Konzipient nimmt insbesondere die Wahrnehmung der Termine oft halbe Tage in Anspruch, ohne daß etwas Brauchbares dabei zu lernen wäre — verkürzt die zur eigentlichen vielseitigen Vorbereitung verfügbare Zeit sehr stark und der geringe wirtschaftliche Vorteil, den die zeitweilige Besoldung mit sich bringt, muß oft genug mit einem mäßigen Ausfalle der Prüfung gebüßt werden, der dann das ganze spätere Leben bedrückt.

Empfehlenswert ist es auch nicht, während der Praxis das Doktorexamen zu machen oder die Preisaufgaben der juristischen Fakultäten zu bearbeiten. Man verlegt sich sonst monatelang, oft auch ein halbes Jahr oder länger auf die Durchforschung eines eng begrenzten Gebietes. Dessen gründliche Beherrschung ist zumeist für den Konkurs wertlos. Man wird einseitig und versäumt wertvolle Zeit, wenn man, wie das bei unseren Universitätsarbeiten ja in der Regel gewünscht wird, allen Stoff zusammenträgt, der in der Literatur und in der Geschichte für eine Einzelfrage zu finden ist. Wenn man z. B. die Entwickelung der Lehre von der Erbenhaftung von den Zeiten des Königs Ramses II. an bis auf das Bürgerliche Gesetzbuch fein zusammengestellt hat, darf man nicht wähnen, nun auch für den Konkurs ausreichend gewappnet zu sein.

In der amtsgerichtlichen Praxis suche man vor allem die freiwillige Gerichtsbarkeit gründlich kennen zu lernen; dementsprechend studiere man während dieser Zeit besonders eifrig die Vorschriften des einschlägigen Reichsgesetzes, die Ministerialerlasse über Vormundschafts-, Nachlaß-, Register- und Grundbuchwesen und vom materiellen Rechte Sachen-, Familien- und Erbrecht. Auch dem Vollstreckungsrecht ist besondere Aufmerksamkeit zuzuwenden. Wird die amtsgerichtliche Praxis in einem Bezirk abgeleistet, für den das Grundbuch noch nicht als angelegt erklärt ist, so bleibt nichts übrig, als das neue Grundstücksrecht an der Hand der Literatur und der Dienstanweisung für die Grundbuchämter neben dem alten Rechte zu studieren. Während des landgerichtlichen Dienstes soll dann das Zivilprozeß-, das Handels- und Wechselrecht in den Vordergrund treten, daneben insbesondere das Recht der Schuldverhältnisse.

Den Verwaltungsdienst beginne man beim Bezirksamt und versuche hier zunächst einen Überblick über die Gesetzgebung in ihrer eigenartigen Zersplitterung zu gewinnen, die formelle Geschäftsbehandlung und die Zuständigkeitsverhältnisse kennen zu lernen. Den zweiten Teil leiste man, wenn irgendwie möglich, beim Magistrat einer größeren unmittelbaren Stadt ab und trete nun an schwierigere Fragen aus dem Gebiete des Versicherungs-, Heimat-, Gewerberechts usw. heran. Auch bietet die Beschäftigung bei den Stadtmagistraten erwünschte Anregung, das Studium der Volkswirtschaft, Finanz- und Sozialpolitik zu pflegen und sich mit den Tagesfragen auf diesen Gebieten vertraut zu machen.

Während der anwaltschaftlichen Tätigkeit muß die richtige Mitte zwischen praktischer Übung und eigenem Studium eingehalten werden. So wenig es zu billigen ist, wenn mit der übermäßigen Verwendung von Zeit auf die Wahrnehmung von Terminen und auf mechanische Geschäfte die Beschäftigung zu einseitig gestaltet wird, so wenig ist es anderseits vorteilhaft, sich ganz von der Praxis zurückzuziehen, und nur der Form halber zuweilen ein anwaltschaftliches Geschäft vorzunehmen, um Stoff für die Ausfüllung des Geschäftsverzeichnisses zu gewinnen. Das juristische Denken wird durch nichts mehr gefördert, als wenn aus rein tatsächlichen noch nicht verarbeiteten Grundlagen sofort der juristisch maßgebende Gesichtspunkt gefunden werden muß. Und gerade für diese Übung bietet die Anwaltskanzlei reichliche Gelegenheit. Zweckmäßig ist es hiernach, etwa die Vormittage der Praxis zu widmen und die Nachmittage für die eigene Vorbereitung frei zu halten. Bei der Vorbereitung wird man dann die Gebiete der Justiz und der Verwaltung gleichmäßig zu berücksichtigen haben.

## § 10. Die letzten Wochen vor dem Konkurse.

Die letzten Wochen vor dem Beginne der Prüfung — etwa die Zeit vom Ende des September bis zum Anfang des Dezember — gehören wohl zu den unangenehmsten, die der Rechtspraktikant zu durchleben hat. Die jahrelang als Schreckgespenst drohende Prüfung ist nun in greifbare Nähe gerückt, ein Gefühl der Unsicherheit und des Mißtrauens in die eigene Kraft beginnt sich bemerklich zu machen; der Gedanke an das erstrebte Ziel ist so eingenistet, daß er alle Lebensregungen beherrscht und nur noch auf Augenblicke verdrängt werden kann. Trifft man in jener Zeit zwei oder mehrere Rechtspraktikanten beisammen, so darf man überzeugt sein, daß ihre Gespräche nur ein Thema erörtern, den Konkurs. Da werden die Aussichten für und wider erwogen, werden haltlose Vermutungen über die zu erwartenden Aufgaben ausgetauscht, frühere Fälle von Leuten besprochen, die wider Erwarten gut oder schlecht abgeschnitten haben. Durch solche Gespräche bohrt man sich immer tiefer in das nervöse, ängstliche Gefühl der Erwartung hinein und ältere Kollegen tragen oft genug in der unvernünftigsten Weise dazu bei, diese Beklemmung noch zu steigern, indem sie die Schwierigkeit des Konkurses ins Maßlose und Ungeheuerliche übertreiben, um das eigene Verdienst recht stark ins Licht zu setzen. Setzt man nun auch noch das Studium und die Übung in der Anfertigung von Aufgaben bis in die letzten Tage hinein fort, so ist in der Regel die Folge, daß die Nerven dem gewaltigen Anprall nicht mehr gewachsen sind, den sie bei der Prüfung auszuhalten haben.

Spätestens Ende Oktober muß die Vorbereitung ihren Abschluß finden. Die nächsten Wochen müssen der Erholung gewidmet werden, soweit sie nicht zu notwendigen Verrichtungen — Sammeln von Büchern usw. — bestimmt sind. Es ist ein verhängnisvoller Irrtum, wenn man die Ergebnisse einer siebenjährigen Ausbildung noch in letzter Stunde wesentlich verbessern zu können meint. Viel wertvoller ist es, dafür zu sorgen, daß der Kopf klar wird, das Gemüt heiter und frisch bleibt, die Nerven zu einer kräftigen Anspannung fähig werden, das Selbstvertrauen und eine gewisse Gemütsruhe sich einstellen. Weite Spaziergänge, harmlose Lektüre und freundliche Geselligkeit — aber beileibe nicht die angsterfüllter Leidensgenossen — sind die besten Mittel, um sich leistungsfähig zu erhalten. Die juristischen Bücher sehe man in dieser Zeit nur von außen an, fliehe aber vor allem den Anblick von Konkursaufgaben.

## § 11. Das Verhalten im Konkurse selbst.

Über die Art, wie man sich während des Konkurses zu verhalten hat, insbesondere wie die Bearbeitung der einzelnen Aufgaben anzupacken ist, können allgemeine Regeln natürlich nur schwer aufgestellt werden. Einige Anleitungen werden aber doch erwünscht sein.

Zunächst lese man die Tatbestände der Aufgaben mit größter Aufmerksamkeit durch und vermeide den Fehler, sie etwa nur zu überfliegen und Bemerkungen zu übersehen, die für den Ausfall der Entscheidung von Belang sein können. Ratsam ist es, schon während des Lesens einige Bemerkungen in den Text einzuschreiben, so z. B. dann, wenn allgemein bekannte gesetzliche Vorschriften berührt werden, die sofort zur Hand sind, oder wenn man, wie in den praktischen Fällen, Ausführungen von Anwälten und Parteien findet, deren offensichtliche Unrichtigkeit sofort in die Augen fällt.

Sodann suche man durch scharfes Nachdenken darüber

Klarheit zu gewinnen, welche Frage gestellt ist und was zu beantworten ist. Immer wieder trifft man den merkwürdigen, nur durch Mangel an Logik und Aufmerksamkeit, oder durch übertriebenen Eifer oder Ängstlichkeit erklärlichen Fehler, daß Dinge behandelt und Fragen hereingezogen werden, die mit der Aufgabe zwar in nahem Zusammenhange stehen, für ihre Lösung aber belanglos sind. Wer in dieser Hinsicht fehlt, muß nicht nur den Vorwurf ungenügenden Nachdenkens gewärtigen, sondern versäumt auch kostbare Zeit.

Die Lösungen der Fragen forme man — auch soweit sie nicht in der Fassung von Beschlüssen und Urteilsformeln zu geben sind — möglichst scharf und genau, und zwar gebe man immer eine bestimmte und unzweideutige Lösung. Es ist gefährlich, falls in der Literatur verschiedene Auffassungen über einen Punkt vertreten sind, die Frage doppelt oder mehrfach zu beantworten, indem man die Folgen der verschiedenen Anschauungen gesondert entwickelt. Es wird in der Regel in solchen Fällen nichts übrig bleiben, als einer Anschauung sich anzuschließen und sie folgerichtig durchzuführen (vgl. hierzu die Ausführungen in § 2). Die gegenteiligen Meinungen kann man unter kurzer Widerlegung in Form von Anmerkungen u. dgl. erwähnen, wenn die Zeit zureicht.

Die Beantwortung der Fragen wird man am besten an den Beginn der Bearbeitung stellen. In der Begründung unterlasse man jede überflüssige Bezugnahme auf den Tatbestand und alle Ausführungen, die nicht zur Sache gehören. Knappheit des Stils und der Darstellung wird durch die Kürze der zur Verfügung stehenden Zeit meistens gefordert werden.

Man muß unter allen Umständen danach trachten, mit jeder Aufgabe vollständig fertig zu werden; man fasse sich lieber sehr kurz, als daß man mit großer Breite und Ausführlichkeit beginnt und schließlich entweder gar nicht fertig wird oder genötigt ist, zu hudeln. Ein Torso wird zumeist vor den Augen eines Zensors wenig Gnade finden, auch wenn er noch so schön ist, und auch diejenigen Arbeiten machen keinen günstigen Eindruck, die eine ungleichmäßige Darstellung aufweisen, zu Anfang breite und schwere Gelehrsamkeit entfalten, um dann immer magerer zu werden und endlich mit einigen hingeworfenen Sätzen zu schließen. Sind mehrere Unteraufgaben zu lösen, so führe man die zunächst in Angriff genommene energisch durch und hüte sich davor, abzubrechen und mit einer anderen zu beginnen. Es entsteht sonst die Gefahr, daß keine Aufgabe ordentlich gelöst wird, und das Hin- und Herschwanken muß Nervosität hervorrufen. Erweist sich eine Aufgabe auf den ersten Blick als die einfachere und rascher zu lösende, so wird es zweckmäßig sein, mit ihr anzufangen.

Außerhalb des Prüfungssaales — vor allem an den Abenden — vermeide man die so sehr beliebten Besprechungen der Tagesergebnisse und die langwierigen, unfruchtbaren Verhandlungen über die richtige Lösung, trachte vielmehr danach, sich zu zerstreuen und den Geist rege zu erhalten.

Kolibri 360 GmbH
Ferdinand-Jühlke-Straße 7
99095 Erfurt, Deutschland
produktsicherheit@kolibri360.de